Ralf Apel & Alexandra Funk

Moosgummi

13 bunte Ideen für Drinnen & Draußen

Vielseidig Verlag

Impressum:

Ideen und Ausführung: Ralf Apel, Alexandra Funk
Satz und Computerbearbeitung: Stefan Funk, Teuschnitz
Fotos: Fotostudio Hagen, Bamberg
Lithos: Lithographie Lipfert, Coburg
Vertrieb: Edith Groh
Druck: Pauli Offsetdruck, Oberkotzau

ISBN 3-930529-11-4 Best.-Nr. 29114

Auflage 10 9 8 7 6 5 4 3 Rechte Zahl ist aktuell

Hallo

Bastelfreunde!

Herzlich Willkommen in unserem dritten Moosgummibuch. Fühlen Sie sich ganz wie zuhause und "wetzen" Sie Ihre Bastelschere.

Diesmal haben wir etwas ländliche Motive gewählt, die den Frühling mit all seinen Farben und Stimmungen einfangen und festhalten sollen. Auch für die Osterzeit finden Sic Bilder und Stecker in diesem farbenfrohen Heft. Für einen bunten Bastelnachmittag, an dem sich "Groß & Klein" betciligen können, ist also bestens gesorgt. So haben wir Motive, die einfacher zu schneiden sind für die kleinen Künstler, als auch aufwendigere Arbeiten, die schon etwas Fingerfertigkeit und Geduld erfordern.

Wir hoffen, daß auch in diesem Buch für jeden unserer Bastelfreunde etwas dabei ist und unsere Motivauswahl den erwünschten Anklang findet.

Freudiges Schneiden & Kleben wünschen

Sandy & Ralfi

Friedolin zeigt, wie´s geht!

Zeichnen Sie zuerst die Einzelteile auf Transparentpapier mit Bleistift nach. Die Teile sollten nebeneinander sitzen. Nun die Rückseite mit dem blauen Bügelmusterstift nachziehen. So ist das Motiv beim Übertragen seitenrichtig.

Legen Sie nun das Papier mit der Bügelmusterstiftseite nach unten auf die Moosgummiplatte, und drücken Sie das Motiv mit Hilfe des Prägestiftes durch. Achten Sie darauf, daß jedes Teil auf die richtige Farbe übertragen wird.

Jetzt können Sie die einzelnen Teile ausschneiden. Beim Zusammenkleben verwenden Sie die Vorlage als Unterlage. So können die Moosgummiteilchen richtig aneinandergesetzt werden

Das Werkzeug

Schere, Cutter, Kreisschneider, Stanzeisen, Bügelmusterstift, Knetgummi, Bleistift, Sekundenkleber, Moosgummikleber, wasserfester Fineliner, Prägestift.

Darauf sollten Sie achten!

SCHNEIDEN: Das Wichtigste ist das Drehen des Moosgummis mit der linken Hand (soweit rechtshändig geschnitten wird). Das Schneiden selbst ist fast Nebensache. Sie sollten grundsätzlich mit dem hintersten Teil der Schere schneiden, um überflüssige Kanten zu vermeiden.

Schnurgerade Linien erreichen Sie am besten mit einem Cutter (Bastelmesser), denn dieser kann an einem Lineal angesetzt werden. Kreise bis ca. 15 cm Durchmesser sind mit dem Kreisschneider herstellbar. Auf die Stelle, an der die Spitze eingestochen wird, sollte zuvor ein Stück Tesaband aufgeklebt werden, um das Verrutschen des Schneiders zu vermeiden. Die Stanzeisen kommen bei kleinen Kreisen und Punkten zum Einsatz. Erhältlich sind diese z.B. in Baumärkten in vielen verschiedenen Größen.

KLEBEN: Ideal für das Kleben von Moosgummi ist Sekundenkleber. Ein langes Zusammenpressen der einzelnen Teile erübrigt sich. Dadurch, daß die Tuben mit sehr feinen Spitzen ausgestattet sind, ist ein punktgenaues Dosieren möglich.

Doch Vorsicht: Sekundenkleber ist nichts für Kinderhände! Kleine Bastelfans sollten bevorzugt den speziellen Moosgummikleber oder UHU-Kraft verwenden.

Beim Aufkleben von kleinen ausgestanzten Punkten ist eine Stecknadel zum Festhalten und Aufsetzen sehr hilfreich.

umdrehen und los geht's

Herzlich Willkommen

Moosgummi:

4 mm: Haut
2 mm: Weiß, Maisgelb, Blau, Apricot, Hellbraun, Dunkelbraun, Beige, Hellgrau, Dunkelgrau, Orange, Türkis, Flieder, Rosé, Olivgrün, Lachs
1 mm: Maigrün, Rosé, Dunkelblau, Lavendel, Schwarz, Weiß, Maisgelb, Dunkelbraun, Beige

Material:

Moosgummibuchstaben Weiß "LICH WILLKOMMEN"
rotes Moosgummiherz
1 schwarze Halbperle 4 mm, eine 5 mm
1 weißes Satinband
schwarzer wasserfester Fineliner

Wir beginnen mit der Tür. Hinter das Fenster kleben Sie ein Stück 1 mm Moosgummi in Maisgelb. Auf das Gelb setzen Sie die Vorhänge und die weißen Vorhanghalter. Über das Ganze kommt der Rahmen. Das Schloß und der Türkranz sind beide aus 1 mm dickem Moosgummi. Die Treppe setzen Sie an die Tür, wobei die hellen Stufen jeweils über den grauen sitzen.

Fertigen Sie nun die Tiere an. Bei der Gans leimen Sie die Flügel hinter den Körper und den einzelnen Finger auf den Flügel. Die Flecken der Kuh sowie das Horn, Innenohr und der Schwanzpinsel sind aus 1 mm Moosgummi. Bei der Bank kleben Sie die senkrechten Latten über das hintere Brett. Über die Latten setzen Sie die Sitzfläche und darüber die Kante.

Jetzt wird das Türschild komplett zusammengesetzt. Die Linien auf der Vorlage dienen als Hilfe zum Aufsetzen der Buchstaben. Zum Aufhängen mit dem Satinband stanzen Sie Löcher in das Türschild.

-LICH
WILLKOMMEN

Ein ungebetener Gast

Moosgummi: 2 mm: Blau, Maigrün, Hellbraun, Dunkelbraun, Beige, Bordeauxrot, Maisgelb, Apricot, Pink, Türkis, Weiß
1 mm: Weiß, Rosé, Grau

Material: 2 schwarze Halbperlen 3 mm, eine in 5 mm
schwarzer Fineliner
1 dünnes gelbes Satinband

Beginnen wir mit dem Osterhasen. Die Innenohren und das Näschen sind aus roséfarbenem Moosgummi in 1 mm Stärke. Die Hose wird auf den Körper geklebt, hinter die Hose dann die Füße. Bevor der Arm aufgeleimt wird, sollte der komplette Korb fertig sein. Die zusammengesetzten Eier werden am Korb angelegt und darüber der beige Korbrand gesetzt.

Nachdem auch der Henkel angebracht ist, wird dieser dem Häschen in die Hand gedrückt, d.h. der Daumen kommt hinter den Henkel. Die Schulter dagegen wird auf den Henkel gesetzt. Das fertige Küken schaut hinter dem weißen Ei hervor. Jetzt werden alle Teile zusammengesetzt. Die Blume ist aus weißem 1 mm Moosgummi. Abschließend werden die schwarzen Linien gezeichnet und die Halbperlen aufgeklebt.

Tip: Der blaue Bogen wird am besten mit dem Kreisschneider oder einem Zirkel mit Messereinsatz geschnitten. Hierbei sollte an der Einstichstelle immer ein Tesastreifen aufgeklebt werden, um ein Verrutschen zu vermeiden.

Auch Käfer können sägen!

Moosgummi:	4 mm:	Blau
	2 mm:	Grün, Maigrün, Dunkelgrün, Rosé, Weiß, Maisgelb, Schwarz, Rot, Beige

Material:

Gänseblümchen (Floristik)
Teilbare Plastikkugel 16 cm
Plusterpen oder 3D-Farbe in Pink
2 Stücke gelbes Garn oder Schnur
2 Schleifenbänder je ca. 25 cm, Lavendel und Mint
Faden

Der blaue Rahmen aus 4 mm Moosgummi wird am besten mit dem Kreisschneider ausgeschnitten, ebenso die Blumenstile. Die Blätter werden teilweise übereinander aufgeklebt. Das fertige Käferlein wird hinter das Blatt gelegt (Hängematte), nur der Arm baumelt nach vorne. Das Schnarchschildchen wird mit Plusterfarbe und Fineliner gemalt und nach dem Trocknen mit einem Faden durch das ausgestanzte Loch im Rand aufgehängt. Nun wird das gesamte Innenbild in die Kugel geklebt. Dabei ist zu beachten, daß man hierfür die kleinere Hälfte mit der Außennut verwendet. Zum Schluß wird das Innenleben noch mit den Blümchen verziert.

Tip: Um ein Drehen des Schnarchschildchens zu vermeiden, kann es auch an 2 Fäden aufgehängt werden.

ZZZZZz

Das Sofa ist mein Platz

Moosgummi: 4 mm: Weiß
2 mm: Apricot, Maisgelb, Schwarz, Hellblau, Flieder, Mint, Hellgrau, Dunkelgrau, Karminrot, Aubergine, Lila, Rosa, Pink, Rosé

Material: Uhrwerk 20 mm
Messingzeiger 40/50 mm
Allesfarbe Violett (Rayher)
Fineliner Schwarz

Rückseite

Fangen wir mit dem weißen Ofen aus 4 mm starkem Moosgummi an. Er wird mit den hellblauen Kacheln beklebt. Darüber setzen Sie das Zifferblatt, welches am besten mit dem Kreisschneider herzustellen ist, ebenfalls die gelben Scheiben für die Zahlen. Diese werden mit der Allesfarbe aufgemalt. Die schwarzen 5-Minuten-Punkte können ausgestanzt werden.

Beim Sofa wird zuerst das schmale Mittelteil auf den Ofen gesetzt, darüber dann die 2 Rückenlehnen sowie der vordere herunterhängende Teil. Jetzt wird das fertige Kätzchen mitten auf das Sofa gelegt. Links und rechts kleben Sie dann die Armlehnen auf, wobei die rechte etwas über dem Schwanz sitzt. Die Pfote wird gleichfalls angeklebt. Sind alle Teile komplett zusammengebastelt, wird das Loch für das Uhrwerk ausgestanzt und anschließend das Uhrwerk eingesetzt.

Tip: Damit die Kaffeekanne einen besseren Halt hat, schneiden Sie aus einem Reststück des weißen, 4 mm starken Moosgummis einen Streifen mit ca. 1 x 3 cm und kleben diesen senkrecht an der Ofenkante fest (siehe Zeichnung). Darauf können Sie nun die Kanne setzen.

12
3
6
9

Hier wurme ich!

Moosgummi: 2 mm: Rot, Maisgelb, Hellbraun, Dunkelbraun, Haut Beige, Grau, Türkis, Grün
1 mm: Maisgelb, Dunkelbraun, Rot

Material: Moosgummibuchstaben für Namen, bunt sortiert
2 schwarze Halbperlen 3 mm
1 Aufhänger
schwarzer Fineliner

Das Türschild ist leicht zu basteln. Damit der fertige Wurm aus dem Loch herausschaut, wird er von hinten durchgesteckt und angeklebt. Für die angefressenen Rundungen verwenden Sie verschieden starke Stanzeisen. Hinter das Loch wird ein Reststück gelber Moosgummi 1 mm geklebt. Der Stil wird ebenfalls teils hinten, teils vorne aufgeklebt. Hierfür schneiden Sie oben den Apfel etwas ein.

Das gelbe Fenster und den dunkelbraunen Rahmen erstellen Sie am besten aus 1 mm Moosgummi, so läßt sich das Kreuz leichter übereinander legen. Auch die Zunge und die Steine am Schornstein sind nur 1 mm stark. Das gelbe Schild haben wir am unteren linken Eck geknickt und angeklebt.

Zum Schluß werden die Halbperlen als Augen aufgesetzt und die Linien wie Mund und Schriftzug "Hier wohnt" mit dem wasserfesten Fineliner aufgemalt.

Hier wohnt
JONAS

Ausflug der Tiere

Moosgummi: 4 mm: Weiß, 1 mm: Schwarz, Dunkelgrün, Lila
2 mm: Gelb, Maisgelb, Rot, Rosa, Hellblau, Blau, Weiß, Türkis, Orange, Schwarz, Hellbraun, Beige, Grau, Lavendel, Schweinchenrosa hell

Material: Moosgummischlauch ca. 16 cm, 1 mm starker Draht ca. 18 cm
4 Wackelaugen (ca. 9 mm) mit Wimpern
4 schwarze Halbperlen 4 mm, 3 weiße Schnurstücke
verschiedenfarbige Holzperlen ca. 8 mm
dünnes gelbes Satinband
schwarzer Fineliner, 2 Stecknadeln

Damit das Mobile von beiden Seiten zu sehen ist, müssen einige Teile doppelt ausgeschnitten werden. Diese sind auf dem Vorlagebogen gekennzeichnet. Die Wolke besteht aus 4 mm Moosgummi. Hinter dem kleinen Wolkenteil sitzt die Sonne. Die Flugobjekte bestehen aus jeweils zwei Rümpfen, deshalb können sowohl die Tiere als auch der Schaltknüppel schön dazwischengesetzt werden.

Gans: Die beiden Helmgurte werden beidseitig versetzt angebracht, wobei eine Seite die gelbe Schnalle erhält. Das graue Schild (1 Teil) wird ebenfalls zweifach angeleimt. Das orangefarbene Dreieck, an dem gleichfalls beidseitig Räder sitzen, klemmt zwischen den zwei Rumpfteilen. Der Hals der Gans wird an den Körper angelegt und darüber der blaue Kragen geklebt.

Schwein: Die Ohren werden beidseitig versetzt aufgeklebt. In den Rumpf werden - am besten mit dem Cutter - Schlitze geschnitten und die Flügel eingesteckt. Um den Propeller herum sitzen bunte Scheibchen, die mit dem Stanzeisen hergestellt werden. Diese Teile werden mit einer Stecknadel vorne ins Flugzeug gesteckt.

Kuh: Auch hier werden Kopf und Körper durch den Schal miteinander verbunden. Die schwarzen Flecken sind aus 1 mm Moosgummi. Die halbkreisförmige Hubschrauberkabine wird aus gelbem Moosgummischlauch gebogen, der mit 1 mm Draht durchzogen ist. Der Draht sollte pro Seite ca. 1 cm hervorstehen, um ihn im Rumpf und im Heck befestigen zu können. Um den Dachpropeller werden bunte Scheiben geleimt und dieser mit einer Stecknadel fixiert.

Jetzt werden alle Tiere an den mit Holzperlen verzierten Fäden aufgehängt. Dem Schwein wird dazu ein Loch in den Kopf gestanzt, bei der Gans wird ein Faden zwischen die Mütze geklebt und bei der Kuh kann er an der Stecknadel befestigt werden.

Das kleine Schweinchen

Moosgummi: 2 mm: Schweinchenrosa hell, Schweinchenrosa dunkel (beides von Schmuck-Art), Rosé, Grau

Material:

Adapter
Rundstab 4-5 mm
2 Schleifenbänder
Schwarzer Fineliner
2 schwarze Halbperlen 4 mm

Das kleine Schweinchen hat die wenigsten Farben, doch die 3 verschiedenen Rosatöne sollten sich gut voneinander abheben.

Wir beginnen am Kopf: Ein Ohr wird vorne, eines dahinter geleimt. Das Rüsselchen und die ausgestanzten Wangen werden aufgeklebt. Auf den Körper setzten Sie nun den Kopf und den Ringelschwanz, hinter das Beinchen den Fuß. Nun kommt das fertige Schweinchen in die Pfütze und wird mit dem Fineliner bemalt. Zum Schluß haben wir den Stab mit schönen Bändern verziert.

Das Schweinchen badet in schmutzigen Lachen,
nichts tut ihm mehr Freude machen.
"Doch hinterher", so lacht das Schwein,
"möcht´ ich dann wieder sauber sein".

Der Brunnen

Moosgummi: 2 mm: Bordeauxrot, Schwarz, Hellbraun, Dunkelbraun, Beige, Maisgelb, Weiß, Grau, Olivgrün, Dunkelblau, Hellblau

Material: 1 Stück weiße Samtschnur, ca. 25 cm
1 Stück Messingdraht, ca. 4 cm
1 dünnes gelbes Satinband
schwarzer wasserfester Fineliner

Die Ziegel werden auf die schwarze Grundfläche von der unteren bis zur oberen Reihe immer übereinander geklebt. Die fertige Kurbel umwickeln Sie mit der Samtschnur von vorne nach hinten. An deren Ende wird der Henkel (Messingdraht) des Eimers gebunden. Die hellbraunen Balken liegen am grauen Brunnen an, darüber kleben Sie die weißen Steine. Die Steine sehen einzeln ausgeschnitten und aneinander gesetzt am plastischsten aus. Risse zeichnen Sie mit dem Fineliner.

Zum Schluß ziehen Sie noch das Satinband durch die ausgestanzten Löcher und fertig ist ein Fensterbild, welches - recht neutral gehalten - in vielen Fenstern seinen Platz finden wird.

Hermann Hase

Moosgummi: 2 mm: Hellbraun, Beige, Bordeauxrot, Maisgelb
1 mm: Weiß, Maigrün, Rosé, Schwarz

Material: Rundstab 4-5 mm
Adapter
Schleifenband in Gelb, ca. 2,5 cm
dünnes Satinband in Bordeaux
schwarzer wasserfester Fineliner

Rückseite

Hermann mag zwar arm an Farben sein, nicht aber an Ausstrahlung! Oder haben Sie je einen Hasen mit so strahlend grünen Augen gesehen? Hermann kann sehr schnell gebastelt werden.

Fertigen Sie zuerst den Kopf. Die Ohren sowie die Zähne setzen Sie dahinter. Die weißen Glanzpunkte der Augen werden am besten ausgestanzt. Auf den Körper setzen Sie nun Kopf, Schleife und Arm. Dahinter kommt das Schwänzchen wie auch der zweite Arm und das Bein.

Die schwarzen Linien ziehen Sie mit dem Fineliner. Jetzt wird nur noch der Adapter befestigt und der Stab abschließend mit Schleifenband verziert.

Tip: Kleben Sie hinten am Kopf ein Stück Moosgummi an (siehe oben) und setzen den Adapter so auf, daß der Stab direkt hinter dem Hals verschwindet. So sitzt der Adapter gerade und der Kopf wackelt nicht.

Mein erster Bilderrahmen

Moosgummi:

4 mm: Gelb
2 mm: Maigrün, Weiß, Rot, Grau, Grün, Flieder, Lavendel, Lila, Pink, Orange
1 mm: Schwarz

Material:

3 schwarze Halbperlen 4 mm
schwarzer wasserfester Fineliner

Der gelbe Rahmen aus 4 mm starkem Moosgummi läßt sich außen noch mit der Schere schneiden. Für den Ausschnitt jedoch wird am besten der Cutter verwendet, welcher schärfer ist und besser um die Kurven kommt. Die angenagten Stellen werden mit Stanzeisen in unterschiedlicher Stärke hergestellt. Die Tiere und Pflanzen werden alle vorne aufgeklebt, mit Ausnahme des Raupenkörpers.

Hinter den Rahmen wird eine ausgeschnittene Bildhalterung gebastelt. Dazu werden 3 Streifen aus 2 mm Moosgummi geschnitten und in Bildgröße hinten aufgeklebt. Darüber kommt eine Platte, welche dann das Foto hält. So kann jederzeit das Foto oben herausgenommen und durch ein neues ersetzt werden.

Achten Sie darauf, daß an der Seite, wo die Raupe sitzt, möglicherweise die Ecke der Bildhalterplatte abgeschnitten werden muß, damit sie besser aufliegt und nicht hinter der Raupe hervorschaut.

Heinrich Hahn

Moosgummi:	2 mm:	Rot, Weiß, Maisgelb, Lila, Blau, Türkis
	1 mm:	Schwarz, Weiß

Material:
Adapter
Rundstab 4-5 mm
2 Schleifenbänder
schwarzer Fineliner

Heinrich ist recht schnell zusammengesetzt. Der Kopf besteht aus 4 Teilen, wobei alle vom Kamm angefangen übereinander geleimt werden. Das Auge stanzen Sie am besten aus 1 mm Moosgummi aus. Auf den Körper wird nun der Kopf sowie der Flügel aufgeklebt, dahinter Schwanzfedern und Füße. Zum Schluß kommt der Fineliner zum Einsatz.

Der Stab kann jetzt mit beliebigen Schleifenbändern verziert werden.

Heinrich ist ein stolzer Hahn,
der gewaltig krähen kann.
Morgens ertönt sein Kikeriki,
gut für uns - so verschlafen wir nie!

Tip: Den Adapter am besten oben auf ein zusätzlich aufgeklebtes Stück Moosgummi aufkleben, damit er richtig aufliegt.

Auf dem Ponnyhof

Moosgummi: 2 mm: Türkis, Gelb, Maisgelb, Weiß, Haut, Hellbraun, Dunkelbraun, Beige, Grün, Rosé, Rosa, Lila, Blau, Orange, Maigrün, Hellblau, Wasserblau
1 mm: Lavendel, Dunkelblau, Weiß, Rosé, Grau, Schwarz, Maigrün

Material: Straßsteine 4 mm, weiß, flach
schwarze Moosgummischnur 1 mm
(2 Stück mit je ca. 2 cm Faden)
1 schwarze Halbperle 5 mm
schwarzer Fineliner
dünnes weißes Satinband

Die Rundung des türkisfarbenen Bogens erhalten Sie mit dem Kreisschneider. Das Pferdchen ist recht schnell gebastelt. Mähne und Schwanz werden hinter Kopf und Körper gesetzt, das Ohr und der Huf davor. Beim Mädchen wird das Kopf- und Körperteil an den Rock gelegt und das Hemdchen aufgeklebt. Die Karotte kommt zwischen die Hand, d.h. der Daumen wird nach hinten gebogen und fixiert. Ebenso verfahren Sie bei der Hand am Zaun, wobei hier der Daumen vorne sitzt.

Für das weiße Innenteil der Blumen sowie Kopf, Körper, die grünen Punkte des Schmetterlings und das Pferdeauge haben wir 1 mm starken Moosgummi verwendet. Der weiße Augenpunkt wird ausgestanzt. Ebenfalls aus 1 mm Moosgummi sind die Schuhsohle und das Innenohr des Pferdes. Die Fühler des Schmetterlings werden aus der Moosgummischnur gemacht.

Sind alle Teile komplett aufeinandergeklebt, wird noch mit Straß verziert und der Schmetterling in ein ausgestanztes Loch gehängt.

Mein kleines Tisch-Set

Moosgummi: 2 mm: Rot, Gelb, Maisgelb, Haut, Flieder, Weiß, Orange, Blau, Grün, Dunkelgrün, Grau
1 mm: Schwarz, Dunkelbraun, (Grau)

Material: Moosgummibuchstaben für Namen, z.B. Rot
2 Stck. schwarze Moosgummischnur 1 mm
1 schwarze Halbperle 3 mm, eine in 4 mm
schwarzer Fineliner

Zuerst werden die recht einfachen Tierchen und Pflanzen zusammengeklebt. Das Käferlein erhält 2 Fühler aus Moosgummischnur und die 3 mm Halbperle als Auge. Die Schnecke bekommt das andere Auge. Bei der Blume wird je ein Blatt hinter und eines auf den Stil geleimt. Das graue Mittelteil des Pilzes haben wir aus 1 mm Moosgummi geschnitten, damit er nicht so dick wird. Auch die braunen Kerne der Sonnenblumen sind aus dünnem Gummi. Die aufgezeichnete Linie auf dem Vorlagebogen zwischen den Sonnenblumen dient als Hilfslinie zum Aufkleben des Namens.

Tip: Der Blumenstil kann ganz gut mit einem Kreisschneider ausgeschnitten werden.

SASKIA

Vielseidig Verlag

Weitere Ideen für Stecker, Dekorationen oder einfach nette Geschenke sind auch in unseren folgenden Büchern enthalten!

Laubanger 19B • 96052 Bamberg Vielseidig Verlag GROH & Co. • Tel. 0951/6 89 97